THÉÂTRE PARISIEN.

PIÈCES NOUVELLES

CARAVAGE,

(1599.)

DRAME EN TROIS ACTES;

De MM. Charles Desnoyer et Alboize.

REPRÉSENTÉ POUR LA PREMIÈRE FOIS A PARIS, SUR LE THÉÂTRE DE L'AMBIGU-COMIQUE, LE 26 AVRIL 1834.

PRIX : 20 CENTIMES.

PARIS,
BARBA, LIBRAIRE, PALAIS-ROYAL,
GALERIE DE CHARTRES, DERRIÈRE LE THÉÂTRE-FRANÇAIS.

1834

PERSONNAGES.	ACTEURS.
LE GRAND-DUC DE MILAN. (Père-noble.)	MM. Thénard.
JOSEPH D'ARPINAS. (Jeune-premier.)	Fosse.
ANGÉLO DELLA PERGOLA, Chevalier de Malte. (Premier comique.)	Montigny.
MICHEL-ANGE CARAVAGE, peintre. (Premier rôle.)	Guyon.
DAVERNA, seigneur. (Utilité.)	Barbier.
SPINELLI, seigneur. id.	Chazotte.
1er PEINTRE. id.	Bourgeois.
2me PEINTRE. id.	Émile.
UN CAPITAINE des gardes. (Utilité.)	Léon.
LE PRÉSIDENT des juges du concours de peinture.	Gilbert.
UN HUISSIER.	Vigel.
LÉONTIA, fiancée de Caravage. (Jeune première.)	Mlles { Petit. Théodorine.
UNE JEUNE FILLE.	Héloïse.
BÉATRIX, nourrice de Léontia. (Personnage muet.)	

Seigneurs, Peintres, Juges du concours, Jeunes Filles, Gardes, Hérauts d'armes, Peuple.

Nota. Les personnages sont indiqués en tête de chaque scène comme ils doivent être placés au théâtre ; le premier occupe la gauche du public, et ainsi de suite : les changemens au milieu des scènes sont indiqués par des renvois.

Impr. de J.-R. Mevrel,
Passage du Caire, 54.

CARAVAGE,
DRAME.

ACTE I.

Le théâtre représente la salle d'honneur du palais Ducal à Milan; au fond, la porte d'entrée générale; deux portes latérales; devant celle à la droite du public, sont des gardes.

SCENE PREMIERE.

1er PEINTRE, 2e PEINTRE, Tous les Peintres, le Peuple, LE CAPITAINE, Gardes.

LE CAPITAINE, *aux gardes*. Les juges du concours vont se rendre dans cette galerie, faites-en sortir tous ceux qui y sont encore.

1er PEINTRE. Les ordres du Grand-Duc sont sévères.

2e PEINTRE. Et justes. Un prix extraordinaire, décerné au premier peintre de l'Europe!.. car tous ont concouru... aussi, que de chefs-d'œuvre dans cette galerie!..

1er PEINTRE. Un seul a fixé tous les regards.

2e PEINTRE. Celui de Caravage. Oui, il est notre maître à tous.

1er PEINTRE. Silence, voici, je crois, les juges du concours.

SCENE II.

Les Mêmes, LE PRÉSIDENT DU CONCOURS, et les Juges, *entrant par la gauche.*

LE PRÉSIDENT. Au nom, et par les ordres de Son Altesse le Grand-Duc, je déclare fermé le concours extraordinaire ouvert à Milan pour le Grand Prix de peinture. Les juges vont délibérer. Gardes, personne ne peut plus pénétrer dans cette galerie tant que nous y serons.

Le président et les juges traversent la galerie de gauche à droite, et s'éloignent.

2e PEINTRE. A merveille; il y a au moins une apparence de liberté dans leurs délibérations.

1er PEINTRE. Voici Caravage.

2e PEINTRE. Il n'a pas l'air très rassuré.

SCENE III.

Les Mêmes, CARAVAGE, *entrant par le fond.*

CARAVAGE, *à lui-même*. Oui, j'aurais dû mettre plus d'expression dans cette figure, j'aurais dû la rendre plus belle, plus gracieuse... une fausse honte arrêtait mon pinceau... il retraçait l'image de Léontia... qu'importe? je serais sûr du prix maintenant, si les juges la reconnaissaient... où pourrait-on trouver un plus digne modèle?

2e PEINTRE. Vous paraissez inquiet, signor Caravage.

CARAVAGE. Ah! pardon, mes amis, je ne vous avais pas aperçus. *

2e PEINTRE. Comme vous, mon cher maître, nous attendons avec impatience que le vainqueur soit proclamé... la voix publique l'a déjà désigné.

CARAVAGE. Elle n'est pas toujours entendue.

2e PEINTRE. Elle le sera cette fois, nous l'espérons, et le nom de Caravage qu'elle a prononcé...

CARAVAGE. Mes chers camarades, l'amitié que vous me portez vous aveugle... songez que tant de peintres célèbres ont pris part au concours...

2e PEINTRE. Qu'il n'appartient qu'à vous de les vaincre. Mais dans peu notre incertitude aura cessé, les juges viennent d'entrer dans la galerie.

CARAVAGE. Déjà !..

2e PEINTRE. Ils délibèrent en ce moment...

CARAVAGE. Ah! mon supplice commence...

_____
* 2e Peintre, Caravage, 1er Peintre.

Il marche avec agitation, et va s'asseoir sur le devant de la scène à gauche. *

1ᵉʳ PEINTRE. Je ne comprends rien à son inquiétude.

2ᵉ PEINTRE. Et le chevalier d'Arpinas... n'a-t-il pas aussi concouru?..

1ᵉʳ PEINTRE. Silence... pas un mot sur ce noble seigneur... dans le palais de Son Altesse...

2ᵉ PEINTRE. Vous avez raison, mais voyez Caravage... plongé dans ses espérances et ses craintes, il ne prend plus garde à nous... Laissons-le, notre présence le gêne peut-être...

CARAVAGE, *à part.* Mon tableau était placé dans un jour si faux... je tremblais tant en le faisant...

Le monde s'écoule peu à peu pendant cette scène. Léontia suivie d'une femme, sort de la foule et s'approche de Caravage qui reste pensif sur le devant de la scène.

SCÈNE IV.
CARAVAGE, LÉONTIA.

LÉONTIA. C'est lui !..

CARAVAGE. Que vois-je? Léontia !.. vous ici...

LÉONTIA. Ah! mon ami, je n'ai pu commander à mon impatience, et quoique ce soit mal peut-être, je me suis dérobée aux regards de mon père et, suivie de ma bonne Béatrix, je suis accourue dans ce palais chercher des nouvelles qui m'intéressent trop pour les attendre loin d'ici...

CARAVAGE. Les juges ne font que d'entrer.

LÉONTIA. Je le sais... et vous êtes déjà triste... mon ami, auriez-vous appris de fâcheuses nouvelles?

CARAVAGE. Ah! vous savez trop ce qui me tourmente... ce chevalier d'Arpinas qui a concouru aussi...

LÉONTIA. Son tableau a été à peine regardé... vos élèves ont fait mieux que lui.

CARAVAGE. Mes élèves n'ont pas la protection du Grand-Duc.

LÉONTIA. Mais le Grand-Duc est juste.

CARAVAGE. Mais Joseph d'Arpinas ne lui est pas étranger.

LÉONTIA. Que dites-vous?

CARAVAGE. Du moins le Grand-Duc le traite-t-il avec la tendresse d'un père. Des bruits vagues ont couru à cet égard... bruits que la cour répète tout bas et que l'insolence de d'Arpinas accrédite de jour en jour... votre père les a accueillis avec avidité... d'Arpinas n'aura pas manqué de

* Caravage, 2ᵐᵉ peintre, 1ᵉʳ peintre.

lui faire sentir la différence qui existe entre lui, noble chevalier, et Michel-Ang-Caravage, simple peintre, qui ose vous aimer.

LÉONTIA. Vous êtes injuste, Caravage; mon père sait que je vous aime; il a pour moi la plus vive tendresse mais il a aussi la faiblesse d'un vieillard. Peintre célèbre, il a vu le pinceau échapper à sa main tremblante, avant que l'amour de son art eût quitté son cœur. Un concours qui rivalisait par les noms des artistes avec celui de Rome, s'est ouvert à Milan. Mon père a repris ses pinceaux, mais en vain... sa tête était brûlante, et sa main glacée; deux hommes aspiraient à m'épouser, le seigneur Joseph, et vous. Mon père n'a considéré ni le rang ni la naissance de ceux qui demandaient ma main. Il a voulu que sa fille portât le nom du vainqueur de tous les peintres du monde, puisqu'il ne pouvait lui léguer lui-même, et il a déclaré que celui de vous qui obtiendrait le grand prix serait mon époux... il a plus consulté ma gloire que mon cœur, je le sais; mais à son âge la gloire est encore quelque chose, et l'amour n'est plus rien.

CARAVAGE. Ah! Léontia, si votre main n'était pas la récompense du vainqueur de ce concours, j'en mépriserais le prix: car déjà plus d'une couronne a ceint mon front. J'ai reçu des mains du Saint-Père celle qu'on donne au Vatican. En France, en Espagne, mes tableaux ornent les églises et les palais des rois... je ne travaillais que pour la gloire alors, je n'étais qu'un artiste; maintenant je suis plus encore, j'aime, je suis aimé... ce tableau, le génie seul n'y a pas présidé... l'amour, la gloire, un avenir de bonheur ont guidé mon pinceau; je retraçais l'amour dans son délire, le bonheur dans sa joie, la gloire dans son orgueil, j'animais la toile de mon âme... ah! Léontia, ce tableau doit être admirable: c'est l'œuvre de la nature et de la passion.

LÉONTIA. Oui, oui mon ami, car depuis long-temps je me suis reconnue dans ce tableau, mais me défiant de moi-même, j'ai voulu savoir si j'étais seule à l'admirer. Souvent, sans vous le dire, sans que personne le soupçonnât, je suis venue me mêler à la foule qui encombrait cette galerie, je m'arrêtais devant votre chef-d'œuvre, et j'écoutais en tremblant ce que l'on répétait autour de moi : votre nom était dans toutes les bouches, les nobles le prononçaient avec respect, le peuple avec fierté, les peintres avec vénération, les femmes avec envie; et moi, sûre de votre amour, l'espoir au cœur, l'orgueil au front, je courais m'enfermer avec mon bonheur et tresser ma couronne nuptiale.

CARAVAGE. Oh! qu'elle brillera plus belle à mes yeux que celle que doit recevoir le vainqueur des mains du Grand-Duc!.. qu'il sera beau le tableau que je ferai de Léontia suivant Caravage à l'autel... oui votre espoir me rassure et m'encourage... je serai vainqueur pour être votre époux... car le malheur de te perdre... de te voir à un autre... ah! Léontia, je n'ose l'envisager.

LÉONTIA. Caravage, je t'aime... que puis-je dire après cela?

CARAVAGE. Toute ma vie est dans ce mot.

LÉONTIA. Mais on vient de ce côté... si c'étaient les juges...

CARAVAGE. Les juges!.. déjà... ils ont decerné le prix, et peut être...

LÉONTIA. Ce ne sont pas eux... je me trompais

CARAVAGE. Ah!... l'espoir... me reste encore!..

LÉONTIA. C'est le chevalier d'Arpinas avec d'autres nobles de ce palais...

CARAVAGE. D'Arpinas!..

LÉONTIA. Venez, allons-nous en...

CARAVAGE. Pourquoi?... est-ce aujourd'hui que je dois éviter sa présence?

LÉONTIA. Oui, car je suis seule avec vous, et s'il nous voyait ensemble.

CARAVAGE. Vous avez raison... baissez votre voile, signora, je vais vous conduire hors du palais.

Ils sortent par le fond. Joseph et les autres seigneurs entrent par la gauche, et marchent vers la droite.

SCENE V.
DAVERNA, JOSEPH, SPINELLI, NOBLES.

JOSEPH. Par ici, messeigneurs, par ici.
Ils vont à la porte de la galerie à droite.

LE GARDE. On n'entre pas.

JOSEPH. Mais nous sommes gentilshommes.

LE GARDE. N'importe, on n'entre pas.

DAVERNA. Il paraît que les choses se passent dans les règles.

SPINELLI Vous savez que sur ce point le Grand-Duc est d'une rigidité...

JOSEPH. Impardonnable!.. pour un prix de peinture, on exige autant de formalités que s'il s'agissait de faire tomber la tête d'un noble chevalier.

Caravage.

DAVERNA. Allons, fâche-toi... ce prix de peinture n'est-tu pas bien sûr de l'obtenir?

JOSEPH. Je l'espère... je n'ai qu'un seul homme à craindre.

DAVERNA. Caravage?

JOSEPH. Caravage?.. le fils d'un maçon, qui croit savoir manier le pinceau parce qu'il a fait en sa vie des Madones et des Christs qu'on adore dans les églises... non, ce n'est pas lui que je redoute, c'est le noble Angelo della Pergola.

DAVERNA. Le joyeux chevalier de Malthe, mais il n'est pas peintre celui-la?

JOSEPH. Voilà pourquoi je le redoute: ami, protecteur de ce Caravage, il intrigue pour lui; il a crié bien haut à l'injustice pour faire croire d'avance qu'on en commettrait une si l'on ne décernait pas le prix à l'homme du peuple, et depuis ce matin, il est dans le cabinet du Grand-Duc.

DAVERNA. C'est que Son Altesse aura voulu commencer gaîment la journée. Car ce n'est pas auprès d'elle que tu dois craindre des ennemis!... toi son favori..

SPINELLI. Son fils!

JOSEPH. Silence!.. ce nom ne peut être prononcé que quand le Grand-Duc l'aura prononcé lui-même, et si j'étais vainqueur du concours...

UN HUISSIER, *entrant par la gauche et annonçant:* Le chevalier della Pergola.

JOSEPH. Pergola!.. pas un mot devant lui.

SCENE VI.
DAVERNA, PERGOLA, JOSEPH, SPINELLI, NOBLES.

PERGOLA, *entrant par la gauche.* Bonjour, bonjour, mes amis. Eh bien! que disons-nous ce matin?.. quelle est l'aventure scandaleuse de cette nuit? quelle est la femme compromise, le vilain assommé... et le seigneur disgracié?

JOSEPH. C'est à nous, chevalier, que vous demandez des nouvelles?

PERGOLA. Sans doute, je n'ai encore vu personne.

JOSEPH. Personne, mais le cabinet du Grand-Duc d'où vous sortez renferme tous les secrets de Milan.

PERGOLA. N'allez-vous pas être jaloux de la faveur que Son Altesse m'a accordée ce matin, en me mandant auprès d'elle pour me dire que mon ton, mes manières et ma liberté lui déplaisaient?

JOSEPH. J'aurais eu peine à croire que le Grand-Duc vous eût fait venir pour ce motif... vous n'avez pas l'air d'un courtisan auquel son maître vient d'adresser des reproches.

PERGOLA. C'est que je ne suis point un courtisan. C'est que la faveur ou la disgrace me trouvent toujours le même, narguant l'une, riant de l'autre; trop peu pour être quelque chose, assez pour ne pas être rien, je dépense ma vie dans les cours afin de me perdre dans la foule et voir rouler autour de moi l'ambition qui me laisse modeste, la bassesse qui me voit debout, et l'esclavage qui me trouve muet. Voilà pourquoi j'ai eu ce matin assez de logique pour prouver au Grand-Duc qu'il avait tort, et il en est convenu. Aussi, vous avez vu, il m'a donné l'huissier de sa chambre pour me faire honneur et m'annoncer dans son palais.

JOSEPH. En effet, je croyais que cette faveur n'était accordée qu'aux grands dignitaires du duché.

PERGOLA. Précisément, vous en voyez un devant vous.

TOUS. Vous !...

PERGOLA. Moi-même, et je n'en suis pas plus fier pour ça.

JOSEPH. Quelle est donc la dignité à laquelle Son Altesse vous a élevé?

PERGOLA. Je suis Grand-Maître des Cérémonies !..

JOSEPH. Grand-Maître des Cérémonies !..

PERGOLA. Tout autant !.. Heureusement la durée de mes fonctions est limitée, elles ont commencé à midi et finiront à deux heures... à moins que d'ici là on ne trouve le moyen de me faire disgracier.

DAVERNA. Le Chevalier veut rire à nos dépens.

PERGOLA. Par l'ordre de Malthe, rien n'est plus sérieux. Je suis chargé d'aller chercher le vainqueur du concours, de l'amener en triomphe devant Son Altesse, et de faire proclamer son nom dans toute la ville. Ainsi, mon cher chevalier, il est probable que je serai votre introducteur.

JOSEPH. Je doute que vous le désiriez autant que d'être celui de Caravage.

PERGOLA. Pourquoi?

JOSEPH. Caravage est votre protégé.

PERGOLA. Mon ami... c'est vrai, je ne cache pas les vœux que je forme pour lui. Il faut comme moi avoir vu Caravage partagé entre la gloire et l'amour, la tête brûlante de génie et le cœur tremblant de crainte et de tendresse, pour connaître le véritable artiste; mais la justice avant tout, vous êtes noble, Caravage est vilain... C'est au vilain à mériter le prix, c'est au noble à le remporter, sans cela à quoi servirait de se donner la peine de naître?

JOSEPH. Cette amère raillerie est peu généreuse, signor Pergola. Lorsque tout noble que je suis j'ai bien voulu descendre dans la lice avec le vilain, c'est qu'un motif de gloire me guidait, c'est que je croyais honorer le concours en y plaçant mon nom.

PERGOLA. En vérité je vous remercie pour les artistes de l'honneur que leur fait votre Seigneurie... mais vous ne dites pas tout, c'est qu'il y a dans le concours un prix extraordinaire que personne ne connaît et dont le Grand-Duc vous aura révélé le secret.

JOSEPH. Vous supposez...

PERGOLA. Vous n'êtes pas forcé de l'avouer, et puis Caravage n'est pas seulement votre rival de gloire, il est aussi votre rival d'amour, et la main de Léontia.

SPINELLI. Léontia... la plus jolie fille de Milan?

PERGOLA. A qui le dites-vous? à moi, célibataire par vocation, et connaisseur par état; à moi, l'ami, le confident de cette jeune fille; à moi qui ai dit vingt fois au seigneur d'Arpinas : elle ne vous aime pas, mais en revanche, elle aime, elle adore Caravage; si vous êtes vainqueur, elle ne vous épousera que malgré elle et le désespoir dans l'âme... Eh bien ! Messeigneurs, voilà sa plus belle chance de succès... Celui qu'elle a aimé n'aura pas le prix, celui qu'elle n'aime pas le remportera et l'épousera, parce qu'autrement les choses iraient d'elles-mêmes et alors ça n'aurait pas le sens commun.

JOSEPH. Seigneur Pergola, j'ignore le but de vos sarcasmes, mais si c'est pour éprouver ma patience ou mon courage, je vous dirai que j'ai prolongé l'une parce que nous sommes dans le palais de Son Altesse et que, s'il le faut, je puis donner des preuves de l'autre.

PERGOLA. Qu'est-ce qu'il a donc, il se fâche? ah ! mon Dieu ! (A part.) Je ne le croyais pas capable de se fâcher... enfin tout est possible... (Se rapprochant de lui et le regardant en face.) Mon cher ami, si je voulais me battre avec vous, avec la même franchise qui m'a valu la disgrace de presque tous les souverains de l'Europe, je vous dirais : j'ai l'envie de vous couper la gorge... c'est une fantaisie comme une autre, et bon gré malgré il faudrait bien me la passer; mais elle ne m'est pas encore venue, au contraire... votre existence est nécessaire à la mienne. Favori du Grand-Duc, vous êtes le seul auquel je puisse raisonnablement m'attaquer... à moins de m'adresser au Grand-Duc lui-même, mais il est bon et juste, il n'y a pas moyen... pour vous punir, il vous jette à la tête des dignités de Grand-Maître des Cérémonies, vous ne pouvez pas en faire autant, vous, et moi je ne puis vivre sans railler; donc si je ne vous avais pas auprès de moi, il me manquerait quelque chose... mais si ma franchise vous déplaît si fort, il n'y a qu'un moyen de me fermer la bouche.

JOSEPH. Le quel?

PERGOLA. C'est de vous faire disgracier, je m'adresserai à votre successeur.

JOSEPH. Votre aimable brusquerie ne peut exciter ni haine ni colère.

PERGOLA. Voilà comme je suis depuis que l'ordre de Malte m'a mis au rang des hommes les plus heureux et les plus libres.

DAVERNA. Vous, libre!.. Chevalier de Malte, enchaîné par des vœux!..

PERGOLA. Qui font la base de ma liberté. J'étais à peine en âge d'être mon maître qu'on a voulu me faire obéir, je voulais faire des dettes, on me forçait à être rangé; des maîtresses, on m'ordonnait un mariage... Alors, j'ai prononcé mes vœux de pauvreté par égard pour mes créanciers, d'obéissance pour me soustraire au joug des grands parens, et de chasteté pour éviter les malheurs du mariage. Depuis ce temps j'emprunte et ne suis pas forcé de payer, j'obéis aux loix et non au caprice, et j'ai droit de conquête générale sur toutes les femmes sans m'attacher à aucune. Ah! mes amis, vous pouvez m'en croire, si vous voulez être libre, faites comme moi, enchaînez-vous, soyez chevalier de Malte... Mais je ne me trompe pas, le Grand-Duc se dirige de ce côté; excusez, Messeigneurs, mes nouvelles fonctions marquent ma place auprès de Son Altesse.

Il sort et va au-devant du Grand-Duc, puis rentre avec lui presqu'immédiatement.

L'HUISSIER, *annonçant.* Le Grand-Duc.

SCENE VII.

DAVERNA, PERGOLA, LE GRAND-DUC, JOSEPH, SPINELLI, NOBLES, GARDES.

LE GRAND-DUC. Dieu vous garde, Signori; bonjour, Joseph. (*A Pergola.*) Chevalier, introduisez les juges du concours. (*Bas à Joseph.*) Du courage... la justice t'aura désigné.

JOSEPH, *bas.* Ah! puisse Votre Altesse dire vrai!

Les Juges sont introduits par Pergola; ils entrent par la droite. Pergola vient reprendre sa place auprès du Grand-Duc.

SCENE VIII.

LES JUGES, LE PRÉSIDENT DU CONCOURS, *et* LES PERSONNAGES PRÉCÉDENS *dans l'ordre où ils étaient placés.*

LE DUC. Signori, quel est le résultat de votre délibération?

LE PRÉSIDENT. Monseigneur, parmi les chefs-d'œuvre que tous les peintres de l'Europe se sont empressés d'envoyer au concours ouvert par Votre Altesse, un seul a réuni les suffrages unanimes des Juges par la supériorité du talent qu'on y remarque, c'est celui de Michel-Ange Caravage.

TOUS. Caravage!..

JOSEPH, *à part.* Il l'emporte sur moi!..

LE DUC, *à part.* Pauvre Joseph!..

PERGOLA. Justice est faite, Monseigneur.

LE DUC. Vous avez mes ordres. Signori, suivez le chevalier Pergola; je veux que toute ma cour rende hommage au vainqueur de tant d'artistes célèbres; allez. Joseph, restez près de moi.

SCENE IX.

LE GRAND-DUC, JOSEPH.

JOSEPH, *après un moment de silence.* Votre Altesse a-t-elle des ordres à me donner?

LE DUC. Non, pas des ordres, mais des paroles consolantes, de l'espoir...

JOSEPH. De l'espoir... il n'en est plus pour moi. Si je n'ai pu obtenir le prix avec votre protection, c'en est fait pour jamais. Vous le voyez, la foule court à Caravage; son talent frappe les yeux, et qui frappe les yeux des ignorans les séduit. Les Juges ont succombé à ce piège, ils ont pris pour la nature du noir sur du blanc, pour du talent une exagération perpétuelle; aussi quels juges aviez-vous choisis?.

LE DUC. Les seuls compétens, des peintres.

JOSEPH. Les seuls partiaux, des imitateurs, des élèves de Caravage. Il fallait charger de ce soin des gentilshommes, ils n'eussent pas décerné le prix au fils d'un maçon.

LE DUC. Joseph, ma tendresse est grande pour vous, vous le savez, mais elle n'est pas aveugle au point de faire taire dans mon ame la voix de la justice. Il est vrai, moi-même j'espérais plus que vous, j'espérais que, porté par la cour et par le peuple dans ce palais, je pourrais dire à la face de tout Milan : Celui que vous admirez, je l'adopte pour mon fils, je le comble de biens, d'honneurs, de richesses... le génie d'un fils légitime la faiblesse d'un père. Joseph, je ne puis encore vous appeler mon enfant qu'en secret... plaignez-moi.

JOSEPH. Et moi, croyez-vous que je ne sois pas à plaindre?..

LE DUC. Il vous reste du moins l'avenir et plus d'un genre de gloire à exploiter. La carrière des armes vous est ouverte.

JOSEPH. Ah! la carrière des armes...

LE DUC. Déjà plusieurs fois j'ai voulu vous envoyer dans nos camps... j'ai peine à m'expliquer votre répugnance... le désir de rester près de moi, m'avez-vous dit... Joseph, qu'il ne vous retienne plus désormais. Allez combattre, sachez acquérir un nom, et je ne craindrai plus de vous donner le mien... vous voyez que cet échec est réparable.

JOSEPH. Mais les malheurs qu'il entraîne pour moi ne le seront jamais. J'aime avec idolâtrie, vous le savez; vous aviez approuvé mon choix, et cet odieux Caravage est venu se jeter à la traverse de mon amour, ainsi que de ma gloire; il aime comme moi Léontia, comme moi il n'est pas repoussé; son triomphe d'aujourd'hui assure son mariage avec elle. Il l'épouse demain... demain, que voulez-vous que je devienne?.. Blessé dans mon orgueil, méprisé dans mon amour... c'est trop de deux malheurs à la fois... et deux malheurs que me jette un homme du peuple...

LE DUC. Joseph!..

JOSEPH. Et pour comble d'affronts ne va-t-il pas devenir comme nous, un noble, car vous avez promis le titre de comte au vainqueur de ce concours.

LE DUC. Oui; vous et Pergola seuls le saviez, et c'est à vous que je le destinais.

JOSEPH. Et c'est à lui que vous allez le donner... Mais tenez... on approche.

CRIS DU PEUPLE, *en dehors*. Vive Caravage!..

JOSEPH. Le cortége avance, portant Caravage en triomphe; Monseigneur n'exige pas sans doute que j'assiste à la cérémonie?

LE DUC. Vous pouvez vous retirer... j'aurais voulu vous voir plus calme...

JOSEPH. Plus calme! quand tout m'échappe en ce jour, mon nom, ma gloire, ma maîtresse!.. ah! Monseigneur!.. je ne crois plus à votre haute protection... à votre tendresse pour moi... je ne crois plus qu'à mon malheur et à mon désespoir. Adieu, Monseigneur.

Il sort par la gauche.

SCENE X.
LE DUC, *seul*.

Que dit-il?.. la douleur de perdre celle qu'il aime... je la comprends, car moi aussi j'ai perdu sa mère... non pas par le même motif : j'étais trop noble pour elle, j'étais appelé à gouverner ce duché, il m'était défendu d'aimer ailleurs que sur le trône... aussi Joseph est là pour attester mon crime; et dans ce palais est la tombe de sa mère... Mais voici le cortége... n'oublions pas que le Grand-Duc de Milan n'est plus que le protecteur des Beaux-Arts, et n'a de puissance aujourd'hui que pour récompenser le mérite.

Le Duc va s'asseoir à droite sur une estrade.

CRIS DU PEUPLE. Vive Caravage!

SCENE XI.
SPINELLI, DAVERNA, NOBLES, PERGOLA, CARAVAGE, *au milieu du théâtre, une couronne d'or sur la tête*, LE GRAND-DUC, *assis à droite*, LES PEINTRES, *autour de Caravage*, LE PEUPLE, *au fond du théâtre*.

LE DUC. Approchez, Caravage.

CARAVAGE. Monseigneur...

LE DUC. J'ai promis au vainqueur de ce concours une récompense digne de ses talens et de son génie, je ne crois pouvoir lui accorder de plus haute faveur que de l'élever au rang de ma bonne noblesse, et de lui ceindre moi-même l'épée de chevalier. Caravage, le titre de comte vous appartient; le voici.

TOUS. Comte!..

DAVERNA. Un homme du peuple!

PERGOLA. Et qui n'a que du talent.

CARAVAGE. Rassurez-vous, Messeigneurs, je m'estime ce que je vaux, je refuse.

PERGOLA. Que dit-il?

LE DUC. Vous refusez ce titre?

CARAVAGE. Sans doute, Monseigneur, qu'en ferais-je?

LE DUC. Il n'est pas inutile quand il est mérité. Avec lui vous serez honoré et respecté, vous aurez des armoiries peintes sur votre maison.

CARAVAGE. Il me suffit de savoir les peindre mieux qu'un autre sans les voir à moi.

LE DUC. Mais devez-vous ne songer qu'à vous? Votre épouse, vos enfans vous demanderont un titre, que leur répondrez-vous?

CARAVAGE. Si mes enfans demandent un titre, je leur dirai : Vous vous appelez Caravage. S'ils me demandent une couronne, je leurdonnerai celle-ci. (*Il montre la couronne du concours.*) Ils ne regretteront pas celle de comte.

DAVERNA. Quelle audace! le fils d'un maçon!

CARAVAGE. Oui, le fils d'un maçon qui n'oublie pas son origine, qui laproclame, qui s'en fait gloire... Seigneur, vous n'êtes que simple chevalier, il vous suffirait de peu de chose pour acquérir des lettres de comte; fils d'un maçon, il me faut du génie pour les mériter. Si cette couronne vous était offerte, vous l'accepteriez humblement pour la porter avec orgueil; moi, jefais plus que vous, je la refuse. Je la refuse, parce que seul je puis faire mon nom.. Le comte Caravage !.. un des deux mots est de trop, et malgré mon respect pour les faveurs de Son Altesse, je ne changerais pas le nom pour le titre.

LE DUC. Caravage, le peu d'estime que vous faites d'une des premières dignités de ce duché m'étonne et m'afflige. L'illustrationdu talent peu valoir celle de la naissance, mais leur réunion n'est pas à dédaigner.

CARAVAGE. Je suis né dans le peuple, je veux mourir dans le peuple. Je ne viens point ici insulter la noblesse, mais prouver qu'un vilain a aussi son orgueil et sa fierté.

LE DUC. Ce serait faire injure à ma bonne noblesse que d'insister plus long-temps. Ces lettres n'existent plus. (*Il les déchire.*) On inscrira sur le livre d'or votre refus, fasse le ciel que vous ne les regrettiez jamais...

CARAVAGE. Oui, fasse le ciel! car c'est que mon nom n'aurait plus aucune valeur par lui-même.

LE DUC. Je désire que votre tableau devienne un des plus beaux ornemens de mon palais. J'enverrai traiter du prix avec vous.

TOUS, *au fond.* Caravage! caravage.

LE DUC. Maintenant les cris du peuple vous appellent sur le balcon de la grand place, je dois moi-même y paraître avec vous. Vous ne refuserez pas sans doute de m'y suivre.

CARAVAGE. Ah! Monseigneur, de toutes les faveurs dont V. A. m'a comblé aujourd'hui, celle-ci est la plus grande à mes yeux.

PERGOLA. Place au Grand-Duc, et au peintre Caravage!

TOUS AU FOND. Vive Caravage!

Tout le monde s'éloigne par le fond, Joseph rentre en scène par la gauche.

SCENE XII.
JOSEPH, *seul.*

Enfin, ils s'éloignent... le bruit de sa victoire me poursuit partout... je quitte le palais pour ne pas en être témoin, et dans les rues, sur les places publiques j'entends prononcer lenom de cet odieux Caravage... Je vois Léontia, le bonheur, l'ivresse sur le front, accourir ici pour le voir, lui parler... Léontia!... perdre en ce jour sa main et l'adoption du Grand-Duc.. rester, moi, simple chevalier, et le voir comte... se plaçant devant moi... plus près que moi du trône Ducal... et je le souffrirais!.. Ah, malheur, malheur à lui!

Il va s'asseoir d'un air désespéré.

SCENE XIII.
JOSEPH, DAVERNA SPINELLI, NOBLES.

DAVERNA. Eh bien, chevalier, tu ne vas pas voir ton rival, embrassé par le Grand-Duc, donnant la main à la belle Léontia,..

JOSEPH. Elle est avec lui!.. et sans doute son nouveau titre de comte.

TOUS. Il l'a refusé.

JOSEPH. Refusé...

DAVERNA. Avec une fierté presqu'égale à celle d'un gentilhomme... on eût dit qu'il craignait de s'encanailler. *

JOSEPH, *se levant.* Il a refusé... c'est déjà un triomphe pour moi... mais cela ne suffit pas, il m'a trop outragé.

DAVERNA. Sans doute, tu es heureux, chevalier, d'avoir contre Caravage des motifs personnels de haine et de vengeance... Si j'étais à ta place, ce vilain paierait cher l'injure qu'il vient defaire à la noblesse.

JOSEPH. Mais... Que ferais-tu donc?

DAVERNA. Il n'épouserait pas Léontia.

JOSEPH. Le moyen?

DAVERNA. Le plus simple... un duel.

TOUS. Oui, un duel.

DAVERNA. Un noble contre un vilain n'est-il pas sûr de son coup?... Est-ce que ces gens-là savent se battre?

JOSEPH. Eh bien! oui, oui... c'est ce que je prétends faire... Un duel!

* Daverna, Joseph, Spinelli, etc.

SCENE XIV.

DAVERNA, PERGOLA, *entrant par le fond*, JOSEPH, SPINELLI, Nobles.

PERGOLA. Ah! je respire, Messeigneurs; plus d'huissier pour m'annoncer, plus de Grand-Duc et de juges à conduire; deux heures viennent de sonner : je ne suis plus rien.

JOSEPH. Tout est donc terminé?

PERGOLA. Grâce au ciel!.. Le Grand-Duc vient de rentrer dans ses appartemens où il se prépare pour aller à la promenade. Il ne reste plus que les artistes qui entourent Caravage, l'accablent de félicitations, le pressent, l'embrassent, et lui font un nouveau triomphe sans étiquette qui vaut bien le premier. Et lui, modeste et réservé, reçoit en rougissant les éloges qu'on lui donne, et Léontia plus fière que lui de sa victoire...

JOSEPH. Léontia!.. Toujours, toujours ensemble!

PERGOLA. Certainement, maintenant il n'y a plus à cacher leur amour : dans huit jours ils seront époux.

JOSEPH. Dans huit jours!..

PERGOLA, *remontant la scène.* Les voici qui viennent de ce côté... Voyez, voyez, Messeigneurs!.. C'est vraiment beau le triomphe du génie. (*A Joseph.*) Eh bien, vous ne trouvez pas que c'est un beau spectacle?

JOSEPH, *à part.* Ah! m'insulter jusque dans ce palais!

SCENE XV.

Les Peintres, LÉONTIA et CARAVAGE, *entrant par le fond*, PERGOLA, JOSEPH, DAVERNA, SPINELLI, Nobles.

LÉONTIA. Tu le vois, Caravage, mes pressentimens ne me trompent jamais... Et maintenant, allons embrasser mon père.

JOSEPH, *s'avançant brusquement vers Caravage qui donne la main à Léontia, et traverse le théâtre.* Excusez-moi, Signora, si je viens rompre un entretien, sans doute bien doux pour vous; mais je désirerais parler à l'instant même au signor Caravage.

CARAVAGE. A moi?. Vous prenez mal votre temps, seigneur Chevalier; demain si vous voulez...

JOSEPH. L'affaire ne peut se remettre.

PERGOLA. Est-ce que vous voulez aussi marchander son tableau?

LÉONTIA. Mais, signor Joseph...

CARAVAGE. Allons, ne perdons pas plus de temps à refuser qu'à écouter ce que le seigneur d'Arpinas peut avoir à me dire. (*A Pergola.*) Chevalier, auriez-vous la bonté?..

Il lui montre Léontia.

PERGOLA. Comment donc, c'est mon état. Sigisbé était chevalier de Malte.

Il offre la main à Léontia *.

LÉONTIA, *bas, à Pergola.* Je vous en supplie, ne quittons pas cette galerie; je me défie du seigneur Joseph.

PERGOLA, *de même.* Pourquoi donc? il n'est pas dangereux... Mais n'importe, ne nous éloignons pas.

Ils vont au fond, ainsi que tous les autres.

CARAVAGE. Je vous écoute, Seigneur.

JOSEPH. Vous devinez sans doute le motif de cet entretien.

CARAVAGE. Non, sur ma parole. Je conçois qu'en effet vous soyez affligé de ce que le sort m'a été plus favorable qu'à vous. Mon bonheur serait plus grand, je l'avoue, s'il ne détruisait pas celui d'un autre, mais j'ignore...

JOSEPH. Vous ne savez donc pas ce que c'est que l'amour ni que la haine? ce que c'est que de voir ce qu'on aime au pouvoir de ce qu'on hait... ce qu'il y a d'amer et de poignant dans l'envie de l'artiste qui s'unit à la jalousie de l'amant? Vous croyez que ces jours glorieux seront embellis par la tendresse d'une femme que j'aime, sans que moi, seul, méprisé, abandonné, je ne trouble pas votre bonheur?.. Détrompez-vous... Il vous reste encore jusqu'à l'autel un degré où vos pas trébucheront peut-être...

CARAVAGE. Seigneur Joseph, je n'ai jamais compris une menace; on agit, mais on n'avertit pas. Espériez-vous qu'un tel langage me ferait renoncer à Léontia?..

JOSEPH. Quel que soit le moyen que je doive employer pour vous y contraindre, je saurai le prendre, et si vous refusez...

CARAVAGE. Plus bas... on pourrait vous entendre.

JOSEPH. Eh! qu'importe? (*A part.*) Il tremble.

CARAVAGE. Seigneur Joseph, la douleur qui vous égare est respectable à mes yeux; mais, je vous en supplie, plus un mot devant elle; je ne supporterais pas une seconde fois ce que vous avez dit.

JOSEPH, *à part.* Il a peur!..

* Pergola et Léontia, *au fond*, Caravage, Joseph, etc.

LÉONTIA, *se rapprochant; tout le monde revient en scène.* Eh! bien, mon ami, cet entretien?..

CARAVAGE. Est terminé, je pense.

DAVERNA, *bas, à Joseph.* Il t'échappe donc?.. Tu le laisses partir ainsi?

PERGOLA. Vous n'avez plus rien à lui dire?.. Partons.

JOSEPH. J'avais bien une proposition à ui faire, mais à quoi bon? il n'a pas d'épée.

CARAVAGE. Non, en fait d'ornement inutile, j'aime mieux une chaîne d'or.

JOSEPH. C'est pour cela que vous avez refusé de ceindre l'épée de Chevalier que le Grand-Duc vous offrait.

CARAVAGE. Joseph, ma patience est grande, vous le voyez, je puis me posséder encore assez pour respecter la présence d'une femme que vous seul oubliez, mais plus tard dans un autre lieu vous m'expliquerez vos paroles.

DAVERNA, *à Joseph.* Pousse-le à bout!..

JOSEPH. Caravage, tu me demandes une explication, je veux te la donner ici, à l'instant même, devant tous : je t'ai insulté parce que je te méprise, et quoiqu'un gant de chevalier soit trop noble pour ta face de vilain, je te le jette.

Il lui jette son gant à la figure.

LES NOBLES. Bien! bien!..

CARAVAGE. Misérable, un soufflet!

Il veut s'élancer sur lui; Pergola et les peintres le retiennent.

PERGOLA. Que faites-vous... dans le palais du grand duc, devant elle...

CARAVAGE. Devant elle!.. Ah! tout son sang ne suffira donc pas?.. d'Arpinas, je n'ai pas de gant de chevalier à te jetter en échange, c'est avec le bras même que je te répondrai.

LÉONTIA. Que dis-tu... au nom du ciel...

SCENE XVI.

UN HUISSIER, LES PEINTRES, LÉONTIA, CARAVAGE, PERGOLA, GRAND-DUC, JOSEPH, LES NOBLES.

UN HUISSIER, *annonçant.* Le Grand-Duc.

PERGOLA. Le Grand-Duc... silence...

LE DUC, *entrant par la gauche, et venant se placer au milieu du théâtre.* Nous partons pour la promenade. Caravage, nous vous donnons la droite de notre carrosse... venez.

CARAVAGE. Je vous suis... *(bas à Pergola.)* Chevalier, si vous êtes vraiment mon ami...

PERGOLA. Je vous comprends (*se retournat vers les nobles.*) à demain!

JOSEPH, *et* LES NOBLES. A demain!*

* Les peintres, Léontia, Caravage, le Grand-Duc, Pergola, Joseph, Nobles.

Fin du premier acte.

ACTE II.

Le théâtre représente l'atelier de Caravage. On voit, à gauche, le tableau qui a remporté le prix; il est recouvert d'une toile; au fond, des faisceaux d'armes.

SCENE Ire.

PERGOLA, LÉONTIA.

LÉONTIA, *assise, à Pergola, qui est debout auprès de son fauteuil.* Non, seigneur, chevalier, je ne m'en irai pas.

PERGOLA. Je vois que vous y mettez ce que les hommes appellent de l'entêtement, et les femmes du caractère; mais vraiment vous avez tort.

LÉONTIA. Pourquoi refuser de me dire où est Caravage?

PERGOLA. Pour une excellente raison; je n'en sais rien.

LÉONTIA. Je ne le crois pas.

PERGOLA. Allons, voilà qu'elle me répond comme une femme à laquelle je jure constance éternelle... Je vous assure, Signora, que depuis hier, Caravage n'est pas rentré chez lui, à ce qu'on m'a dit... du moins, je ne l'ai pas encore vu.

LÉONTIA. Eh bien! il rentrera, car il ne peut se battre sans vous; vous êtes son témoin, et je ne vous laisserai pas sortir.

PERGOLA. Ah! me voilà prisonnier... soit, j'attendrai près de vous, mais lorsque Caravage sera de retour, que pouvez-vous espérer de lui?

LÉONTIA. Il m'entendra.

PERGOLA. A la bonne heure, mais vous

ne pouvez, vous ne devez pas changer sa résolution.

LÉONTIA. Il m'entendra vous dis-je... il m'aime, Caravage. Exposer sa vie, c'est tuer la mienne... Il ne m'assassinera pas.

PERGOLA, à part. Je crois qu'elle devient folle !

LÉONTIA. Vous ne répondez pas, vous avez l'air de ne pas me croire... mais dites-moi donc qu'il ne se battra pas, dites-le moi... par pitié, dites-le moi, Chevalier.

PERGOLA. Signora, quoique vous en doutiez peut-être... je sais tout aussi bien que vous... ce que c'est que l'amour... je l'ai connu dans tous les pays du monde civilisé... En France, c'est un jeu de ruse et de plaisir ; en Espagne, une religion ; en Italie, une vengeance ; en Angleterre, un devoir ; en Allemagne, un sentiment; en Turquie, un commerce... Il paraît qu'à Milan, c'est du délire et de la folie... Écoutez-moi, Léontia.

LÉONTIA. Laissez-moi.

PERGOLA. Non, vous m'écouterez ; ce n'est pas une déclaration que je veux vous faire... Caravage doit se battre.

LÉONTIA. Je ne le veux pas.

PERGOLA. Vous me l'avez déjà dit... mais si vous saviez ce que c'est qu'un duel, une partie où l'on joue son honneur qu'on est toujours sûr de gagner ; le duel, Signora, est le baptême, d'un homme de cœur, c'est l'assurance d'une vie paisible et heureuse... Qui ne se bat pas, aujourd'hui ?.. le peuple même s'en mêle... mais ces combats sont devenus si fréquens qu'on ne les redoute plus... Qui recule devant un duel est un lâche ou un imbécile... vous laisserez prouver à Caravage qu'il n'est ni l'un ni l'autre.

LÉONTIA. Chevalier, je vous ai dit ma résolution, elle est inébranlable ; mais vous pouvez encore me rendre un grand service.

PERGOLA. De tout mon cœur, Signora.

LÉONTIA Dites-moi l'heure et le lieu du combat... mais ne me trompez pas, au moins, Chevalier, ne me trompez pas... et je vous laisse, et je n'attends plus Caravage.

PERGOLA. Signora, tout cela a été fixé sans moi... je ne saurais vous dire...

LÉONTIA. Ah ! toujours impitoyable pour moi... toujours ce cruel silence !.. On me cache Caravage, on refuse de me dire l'heure où je devrai prier pour lui... Eh bien ! je vous laisse, vous qui restez insensible aux larmes d'une jeune fille ; je vous laisse, vous qui ne comprenez aucune douleur : d'autres m'instruiront de ce que vous me voulez cacher... j'irai chez d'Arpinas lui-même s'il le faut, je m'attacherai à ses pas, je le suivrai sur le lieu où ils doivent se battre, et vous pouvez dire à Caravage que c'est le cœur de Léontia qu'il trouvera au bout de son épée. Adieu...

PERGOLA. Léontia.

LÉONTIA. Ah ! laissez-moi, maintenant, je veux... je veux sortir.

Elle sort.

SCENE II.
PERGOLA, seul.

Mariez-vous donc pour avoir pareille fête avant la noce !.. je ne serais pas chevalier de Malte, que ce qui arrive aujourd'hui me ferait prononcer à l'instant mes vœux de célibat... Pauvre jeune fille, pauvre Caravage !.. mais où est-il ? je l'ignore... ses domestiques m'ont assuré qu'il n'avait pas passé la nuit chez lui... où peut-il être allé ?.. Après l'affront qu'il a reçu... Caravage n'a pas quitté Milan, j'en suis sûr, j'en répondrais... et s'il était absent à l'heure du combat, je croirais que d'Arpinas l'a fait enlever cette nuit pour ne pas se battre, et je me battrais à sa place... Mais on vient !.. c'est lui !.. ah, je l'avais bien jugé... Comme il est pâle... lui serait-il arrivé un nouveau malheur ?

SCENE III.
PERGOLA, CARAVAGE, *entrant par la droite.*

CARAVAGE. Ah ! c'est vous, chevalier, je viens de votre hôtel.

PERGOLA. Je vous attendais ici.

CARAVAGE. C'est que depuis hier je veille sur Joseph, j'ai la certitude enfin qu'il ne m'échappera pas.

PERGOLA. Que dites-vous ? aurait-il tenté de s'enfuir ?

CARAVAGE. Je n'ai pu obtenir que le duel eût lieu ce matin : sous divers prétextes, on éludait de me dire l'heure du rendez-vous... et moi, j'ai passé la nuit entière sous les fenêtres de d'Arpinas... toute la nuit j'ai vu briller de la lumière dans sa chambre... je l'ai aperçu lui-même, agité, se promenant à grands pas. Au jour naissant je vois son domestique préparant deux chevaux de selle... l'instant d'après, Joseph descend de son appartement avec le chevalier Falconnas d'Averna, tous deux se disposaient à partir ; mais je m'élance aussi prompt que l'éclair et j'arrête par la bride le cheval de d'Arpinas; étonné, troublé à ma vue, il me présente d'une main tremblante un ordre du Grand-Duc qui l'envoyait à Rome pour une mission secrète et qui ne souffrait pas de retard... je déchire cet ordre arraché à la faiblesse ou à l'injustice du Grand-Duc, je le force à descendre de cheval, et lui ordonne de me suivre devant Son Altesse.

PERGOLA. Quelle imprudence!.. ne pensiez-vous pas...

CARAVAGE. Je pensais à l'affront que j'ai reçu, je pensais qu'avec Joseph la vengeance m'échapperait, et qu'après tout, le Grand-Duc est un homme, et qu'il connaît le prix d'une injure... c'était sans hésitation, sans crainte que j'affrontais sa colère... si dans ce moment, une armée entière était venue attaquer Joseph, j'aurais eu je crois la force de préserver sa vie, afin de la prendre seul et de laver cette joue avec son sang.

PERGOLA. Enfin, avez-vous vu Son Altesse?

CARAVAGE. Non... les nobles commençaient à se réunir dans le palais... cette fois, leur insolence a fait place à la justice. Un d'eux est entré chez le Duc, l'ordre du départ a été révoqué, et d'Arpinas a promis de venir me chercher ici dans une heure pour nous rendre au pied de la grande colline... cette fois il viendra.

PERGOLA. Espérons-le.

CARAVAGE. Ah! je ne l'ai pas quitté ainsi, sans avoir fait garantir son honneur auquel je ne crois pas, par celui des gens dont je n'ai aucun motif de douter... trente gentilshommes étaient présens à sa promesse, tous trente se sont portés forts pour lui, et ont juré de le retenir... sur trente nobles, il y en aura peut-être bien un qui aura l'honneur d'un fils de maçon, puisque c'est ainsi qu'ils m'appellent.

PERGOLA. Je le pense... attendons... Mais avant, il est une chose pénible que j'hésite à vous dire... et pourtant...

CARAVAGE. Ah! parlez, chevalier... il n'est pas de plus grand malheur que celui d'avoir vu lever le soleil et d'attendre encore une vengeance.

PERGOLA. Eh bien! Léontia sort d'ici.

CARAVAGE. Léontia!

PERGOLA. Oui, et pendant deux heures j'ai été obligé de voir ses larmes, son désespoir et de ne rien répondre... Vraiment; j'ai besoin d'un duel pour me remettre.

CARAVAGE. Et maintenant où est-elle?

PERGOLA. Elle m'a dit qu'elle allait courir après des gens plus complaisans que moi... car j'ai dû lui paraître dur, entêté, mauvais caractère.

CARAVAGE. Ah! mon Dieu!... pourvu qu'elle n'apprenne rien, qu'elle ne revienne pas!

PERGOLA. Pouvez-vous le penser?.. elle sera ici tôt ou tard... tenez, si vous m'en croyez, nous nous en irons pour ne pas la voir... car vrai, ça m'a fait mal... à moi qui suis chevalier de Malte.. Jugez, vous qui êtes son fiancé.

CARAVAGE. Oh! oui, oui, allons chez vous, et vous aurez la bonté de faire savoir à d'Arpinas que c'est là que nous l'attendons...

PERGOLA. A la bonne heure... voilà un amoureux raisonnable... partons...

CARAVAGE. Oui, partons... sans la voir... sans l'embrasser... et dans une heure peut-être... moi, heureux hier d'un avenir de gloire et d'amour, j'aurai succombé sous l'épée d'un lâche!... ah! n'importe, partons, partons.

SCÈNE IV.

LES MÊMES, LÉONTIA, *entrant par le fond.*

CARAVAGE. Ciel! Léontia!

PERGOLA. J'en étais sûr.

LÉONTIA. Où allez-vous, Caravage? auriez-vous l'intention de m'échapper?..

CARAVAGE. Ah! pouvez-vous croire?..

LÉONTIA. Je viens vous entretenir un instant, si le seigneur Pergola veut bien le permettre.

CARAVAGE, *à Pergola.* Oh! ne m'abandonnez pas. *

PERGOLA. Il paraîtrait, Signora, que je suis de trop dans cet entretien... cependant le confident de vos amours, votre ami commun...

LÉONTIA. M'obligera en ne restant pas plus long-temps.

PERGOLA, *à part à Caravage.* Vous voyez que c'est assez positif. (*Haut.*) J'obéis, Signora, et vous laisse avec votre fiancé... (*Bas à Caravage.*) Je ne m'éloignerai pas. (*Haut.*) Adieu, Signora... (*A part.*) Cette petite fille finira par me détester... heureusement, j'ai de la résignation, je suis chevalier de Malte.

Il sort par le fond.

SCÈNE V.

CARAVAGE, LÉONTIA.

CARAVAGE, *à part.* Grands dieux!... que va-t-elle me dire?..

* Caravage, Pergola, Léontia.

LÉONTIA. Caravage, quelle que soit ma reconnaissance et mon amitié pour le seigneur Pergola, j'ai désiré rester seule avec vous, c'était le vœu de mon cœur... aurais-je mal fait?

CARAVAGE. Ma Léontia, le plaisir d'être ensemble sans témoin, n'est-il pas toujours nouveau pour moi?

LÉONTIA. Oui, je vous crois, Caravage, je voulais que nous fussions seuls pour parler du bonheur qui nous attend.

CARAVAGE, *à part.* Du bonheur qui nous attend!..

LÉONTIA. Et j'étais empressée de vous annoncer que cédant à mes prières, mon père a consenti à ce que le jour de notre union fût avancé, aujourd'hui même nous serons mariés.

CARAVAGE. Aujourd'hui!

LÉONTIA. Déjà ma parure de fiancée est prête et le cortège va se rendre ici pour nous prendre.

CARAVAGE. Est-il possible!

LÉONTIA. Ne partagez-vous pas ma joie, mon bonheur? dans une heure, Caravage, nous serons époux.

CARAVAGE, *à part.* Malheureux!... que lui dire!

LÉONTIA. Mais qu'avez-vous?.. votre émotion n'est pas celle du plaisir, c'est de l'effroi, de la douleur que je vois sur vos traits... Caravage, au nom de notre amour... qu'avez-vous?.. que se passe-t-il?

CARAVAGE. Rien!.. oh! rien... ma Léontia... c'est que cette nouvelle si brusque... quand je croyais que dans huit jours seulement...

LÉONTIA. Ne cherchez pas à m'abuser plus long-temps, Caravage, je sais tout... on m'a tout appris... dans une heure Joseph et vous irez vous battre au pied de la grande colline.

CARAVAGE. Non, non, on vous a trompée.

LÉONTIA. Alors pourquoi ces larmes qui roulaient dans vos yeux? dans une heure vous ne devez pas vous battre dites-vous... alors le jour de notre hymen vous est indifférent, alors cette union que vous appeliez de toutes les forces de votre âme n'est plus rien pour vous... alors vous ne m'aimez plus!..

CARAVAGE. Que dis-tu?.. moi, moi ne plus t'aimer!..

LÉONTIA. Si vous m'aimez, pourquoi cette froideur, cette contrainte... Caravage... ah! par pitié... expliquez-vous... car je ne sais si le malheur de voir vos jours menacés est plus cruel pour moi que la perte de votre amour.

CARAVAGE. Eh bien! oui, à midi je dois me battre.

LÉONTIA. Il est donc vrai!

CARAVAGE. Et maintenant ne me parle plus de bonheur, ne me flatte plus d'un espoir mensonger... Mais tu le disais pour savoir un secret que tes soupçons m'ont arraché.

LÉONTIA. Non, non, ce n'est point un mensonge, ce que je t'ai dit mon père y a consenti; dans une heure, nos parens, nos amis, t'entoureront et ne te quitteront pas... tu aurais rejeté mes prières peut-être... mais quand tu verras devant toi le prêtre prêt à nous bénir, quand tu verras ta fiancée brillante de bonheur et d'amour, auras-tu le courage de la repousser... Tu ne le feras pas, Caravage... et dis-moi, dis-moi que le cœur de Léontia a deviné le moyen d'empêcher ce funeste combat.

CARAVAGE. Quoi! Léontia; il serait vrai que ton amour a trouvé cette ruse cruelle, et qu'il va l'essayer sur ton amant!.. Mais tu ne sais donc pas que ce duel est nécessaire à mon honneur comme l'air l'est à ma vie?.. Il faut que je me batte avec Joseph, comme il faut que tu m'aimes toujours... La honte est sur mon front... J'ai rougi devant les nobles, devant les artistes, devant toi qui m'as vu faire ce sanglant affront; je rougis devant moi-même, et tu ne veux pas que je me batte... Tu ne veux donc pas que je vive... Tu ne veux donc pas que je sois ton époux?

LÉONTIA. Mon époux!

CARAVAGE. Non... Comment pourrai-je te présenter cette main qui n'a pas su venger une injure; te donner un nom dont toute la gloire ne saurait remplacer l'honneur; abandonner à tes lèvres un front où la honte est tracée par le gant d'un noble?.. Ah! je mourrais de rage sous ton premier baiser.

LÉONTIA. Tu ne m'aimes plus, Caravage.

CARAVAGE. Ah! Léontia... Je ne t'aime plus... Tiens, regarde, je pleure... et sur toi... sur ce bonheur qui m'était réservé, et que dans une heure peut-être je vais perdre pour toujours...

LÉONTIA. Non, tu ne te battras pas... Nous fuirons s'il le faut; nous changerons de nom, nous n'aurons plus ni famille ni patrie; mais nous resterons l'un à l'autre, et devant moi seule tu ne rougiras pas.

CARAVAGE. Léontia!

LÉONTIA. Crois-tu que je pourrai attendre froidement l'issue de ce combat?... Mais chaque minute serait pour moi une heure de tortures! mon sang se glacerait; et quand tu reviendrais près de moi vainqueur, peut-être, tu me trouverais insensée ou morte... Oui, morte... Si tu veux te battre, Caravage, tue-moi... ah! par pitié, tue-moi avant de partir.

CARAVAGE. Léontia! Léontia! tes larmes, tes prières... Ah! laisse-moi, laisse-moi, je ne veux plus te voir, je ne veux plus t'entendre: mon funeste amour étoufferait l'honneur et la vengeance... Adieu!

LÉONTIA, *se traînant à genoux.* Caravage!

CARAVAGE. Adieu! un mot de plus, tu me rendrais lâche comme lui... Non, non, je ne veux pas être un lâche!

Il sort précipitamment par la droite.

SCENE VI.
LÉONTIA, *seule.*

Il ne m'entend plus, il me laisse, il m'a repoussée... C'est donc une passion bien folle que la vengeance, puisqu'elle l'emporte sur son amour!.. Mais maintenant que faire? que devenir? Ils changeront sans doute le lieu du duel... Ils craindront ma présence... O mon Dieu, mon Dieu! pitié de moi!.. pitié!..

Elle tombe dans un fauteuil, la tête dans ses mains.

SCENE VII.
LÉONTIA, LE DUC.

LE DUC, *une lettre à la main.* L'inquiétude, la crainte, me conduisent ici malgré moi, chez Caravage. (*Parcourant des yeux l'écrit qu'il tient.*) Cette lettre qui m'est adressée par tous les nobles de ma cour... Que vais-je faire?.. Ah! je n'avais pas aperçu cette jeune personne. (*Haut.*) Signora.

LÉONTIA. Son Altesse!.. Ah! c'est le ciel qui l'envoie... Monseigneur, je suis la fiancée de Caravage... Aujourd'hui je dois devenir son épouse... aujourd'hui il doit se battre avec le chevalier d'Arpinas...

LE DUC. Arrêtez, arrêtez, jeune fille!.. Ce duel, le Grand-Duc l'ignore, et personne n'a le droit de le lui apprendre.

LÉONTIA. Personne!

LE DUC. Non, car il ne peut plus rien pour l'empêcher.... Il est des malheurs qu'un souverain doit permettre lorsqu'il est juste.

LÉONTIA. Quoi! Votre Altesse appelle une justice deux hommes qui vont s'égorger?.. Mais, Monseigneur, si par une coupable complaisance vous laissez consommer cet assassinat, n'est-il pas des lois plus fortes que la volonté de Votre Altesse?

LE DUC. Ne les invoquez pas... Elles sont muettes sur ce point.

LÉONTIA. Quoi! les lois de ma patrie ne défendent pas le duel?

LE DUC. Non, car elles n'ont pas trouvé de peine assez forte pour l'injure que Caravage a reçue... Léontia, comme vous, je déplore ce funeste événement; mais je ne puis rien... rien.

LÉONTIA. Vous ne pouvez rien, et vous êtes roi... vous ne pouvez rien, et l'on dit partout que vous êtes bon et juste.

LE DUC. Jeune fille..

LÉONTIA. Ah! je le vois maintenant, c'était un caprice stérile, une fantaisie de monarque, qui avait jeté sur le sujet Joseph le titre de favori... On se trompait étrangement quand on osait dire tout haut que vous aviez pour lui la tendresse d'un père.

LE DUC. Que dites-vous?.. et que m'avez-vous rappelé?..

LÉONTIA. Vous êtes ému... Eh bien! si ce n'est pour Cavarage, dont le pinceau peut vous rendre immortel, que ce soit pour le seigneur Joseph que vous aimez comme un fils... Caravage est brave, il est offensé, il se battra avec rage; Joseph a la conscience de ses torts, il peut succomber.

LE DUC. Succomber!

LÉONTIA. Vous le sauverez, n'est-ce pas?

LE DUC. Mais comment? par quel moyen?

LÉONTIA. Je ne suis qu'une pauvre fille, mais si j'avais pendant une heure seulement la puissance du Grand-Duc...

LE DUC. Que feriez-vous?

LÉONTIA. Je n'en sais rien... mais je le sauverais, parce qu'un père doit sauver son fils.

LE DUC. Eh bien! j'ai tort peut-être... ce moyen répugne à un cœur noble, et pourtant cet écrit, que je voulais passer sous silence, m'est adressé par des gentilshommes. Maintenant je vais les satisfaire... vous aussi, l'aurez voulu, Léontia, ils ne se battront pas...

LÉONTIA. Ils ne se battront pas... ah! Monseigneur...

Elle tombe à ses pieds.

LE DUC. Relevez-vous... vous avez la parole du Grand-Duc... et maintenant courez revêtir vos habits de fiancée, et soyez bientôt auprès de Caravage, car il aura peut-être besoin de tout son amour pour oublier sa vengeance. Venez,

LÉONTIA. Ciel! on vient de ce côté...
c'est lui! c'est Caravage! il est vainqueur,
sans doute?

LE DUC. Vainqueur!

LÉONTIA. Non, non, car son rival est
avec lui... Des nobles, des artistes les entourent, il est temps encore de les sauver
peut-être. Ah! venez, venez, Monseigneur,
ne perdons pas un instant...

Ils sortent par la droite.

SCENE VIII.
PERGOLA, CARAVAGE, JOSEPH, Peintres, Nobles.

PERGOLA, *entrant le premier par la gauche.*
Il n'y a personne, entrez, entrez, Messeigneurs, et vous aussi, mon ami.

Caravage entre suivi des peintres, puis des nobles et de Joseph pâle comme la mort.

CARAVAGE. Vous lasserez-vous enfin de
me faire attendre, seigneur d'Arpinas? il y
a vingt-quatre heures maintenant que j'ai
reçu l'affront... vingt-quatre heures, entendez-vous... et vous vivez encore.*

JOSEPH. J'ai dû changer le lieu que nous
avions choisi d'abord pour ce combat...
tout ce peuple qui s'y portait en foule...

CARAVAGE. Nous sommes entre nous
maintenant... ces chevaliers, ces artistes
ont été témoins de l'outrage, qu'ils le soient
encore de la réparation. Je ne veux plus
attendre.

PERGOLA. En effet, cet endroit me paraît
très convenable pour se battre: assez d'espace pour rompre et avancer, un jour magnifique, pas de soleil à craindre.

CARAVAGE, *prenant une épée des mains de
Pergola.* Êtes-vous prêt, seigneur d'Arpinas?

DAVERNA. Caravage, avez-vous réfléchi
à ce que vous allez faire? vous, dont la
main novice n'a jamais senti le poids d'une
épée...

CARAVAGE. Elle me sera légère pour trouver son cœur.

DAVERNA. Mais ne craignez-vous pas?..

CARAVAGE. Est-ce qu'on craint quand on
se venge?.. D'Arpinas, en garde.

JOSEPH. Je devais vous faire avertir du
danger auquel vous vous exposiez en croisant le fer avec moi... maintenant je suis
prêt... sortons.

CARAVAGE. Sortir!.. ne fais pas un pas...
ici, ici, à l'instant, devant tous.

JOSEPH. Ici!

* Les Peintres, Pergola, Caravage, Joseph, Nobles.

CARAVAGE. Je le veux... moi, qui suis
ton maître à présent.

JOSEPH. Mon maître!

CARAVAGE. Oui; je t'ai payé de mon honneur, tu m'appartiens... d'Arpinas, en
garde, ou du pommeau de mon épée...

Il le menace du pommeau de son épée.

JOSEPH. Ah! je suis à vous...

Mouvement.

PERGOLA. Silence, Messeigneurs.

DAVERNA. On vient de ce côté.

CARAVAGE. N'importe; devant le Grand-
Duc lui-même je vengerai mon affront.

SCENE IX.
Les Peintres, PERGOLA, CARAVAGE, LE CAPITAINE des Gardes, Gardes au fond, JOSEPH, Nobles.

L'OFFICIER. Au nom de Son Altesse je
vous ordonne de remettre vos épées et de
cesser le combat.

CARAVAGE. Que voulez-vous?

L'OFFICIER. M'assurer de la personne du
chevalier d'Arpinas pour avoir insulté Michel-Ange Caravage dans le palais même
de Son Altesse.

JOSEPH. Moi, arrêté!

L'OFFICIER. Voici l'ordre qui vous concerne tous deux. (*Lisant.*) « Donnant force
» aux lois du livre d'or, défendons toute
» espèce de combat entre les deux adver-
» saires; Joseph d'Arpinas étant noble et
» Caravage ne l'étant pas...

CARAVAGE. Grands Dieux!

L'OFFICIER. « Enjoignons à Joseph d'Ar-
» pinas de se conformer à tout jamais à
» cette défense sous peine de voir son nom
» rayé du livre de la noblesse et son écus-
» son brisé par la main du bourreau. Signé.
» Le Grand-Duc. »

CARAVAGE. Qu'ai-je entendu!.. D'Arpinas, si tu n'es pas le plus lâche des hommes, tu n'obéiras pas à cet ordre.

JOSEPH. J'ai juré en recevant l'épée de
chevalier d'obéir à tous les ordres du
prince.

CARAVAGE. Tu as juré aussi de porter noblement cette épée qu'il t'a donnée... et
maintenant tu la déshonores en la laissant
dans le fourreau.

JOSEPH. Mon maître me l'ordonne, j'obéis. Caravage, vous qui refusez les lettres
de noblesse sans en connaître le prix, vous
ignorez ce que c'est qu'un écusson brisé
par la main du bourreau.

CARAVAGE. J'entends, tu préfères ton
écusson à ton honneur, tu n'oses devenir
vraiment noble en cessant de l'être...pour-

tant tu sais bien qu'il faut que nous nous battions.

L'OFFICIER. Nous avons l'ordre d'empêcher le combat.

CARAVAGE. Il est bien audacieux votre maître d'avoir pu croire qu'il aurait ce pouvoir! vous êtes bien téméraires, vous, de vous charger d'une telle mission... ignorez-vous qu'il m'a jeté son gant au visage?.. comment voulez-vous que nous vivions tous deux après cela?

L'OFFICIER. Chevalier d'Arpinas, veuillez nous suivre.

JOSEPH. J'obéis.

CARAVAGE, *s'élançant sur les gardes.* Jamais, jamais.

L'OFFICIER, *étendant son épée.* Force à la loi, force au Grand-Duc!

Les nobles s'écartent et laissent passer d'Arpinas, les artistes s'arrêtent.

CARAVAGE, *voulant se précipiter sur eux.* Misérables!

PERGOLA, *le retenant.* Restez, ils sont les plus forts.

CARAVAGE. Eh! bien, partez...Sors, lâche chevalier... mais n'en tremble pas moins. On ne veut pas que je me batte avec lui, eh bien! je l'assassinerai!..

Les officiers, les sbires, les seigneurs emmènent d'Arpinas.

SCENE X.
CARAVAGE, ARTISTES.

CARAVAGE, *hors de lui.* Un poignard, un poignard, puisque contre lui on ne peut se servir d'une épée... non, non, cette escopette. (*il prend une carabine dans un faisceau d'armes*) ce coup sera plus sûr... je me placerai tous les jours sur son passage, je l'attendrai long-temps s'il le faut, mais lors qu'en fin je le verrai marcher aux côtés du Grand-Duc, au milieu d'un brillant cortège de nobles, lorsque son âme fermée à l'honneur sera ouverte à une passion ardente pour une femme, lorsqu'il sera sur les degrés de l'autel prêt à recevoir les sermens de sa fiancée et que tout Milan jettera sur lui un œil d'envie, je l'ajusterai d'une main sûre et je e renverserai.

SCENE XI.
LES MÊMES, LÉONTIA.

LÉONTIA, *entrant et se jettant dans les bras de Caravage* Mon ami!..

CARAVAGE. Ah! c'est toi... tu me regardes avec pitié!.. n'est-ce pas que ma honte se lit sur mon front?

LÉONTIA. Que dis-tu?.. tu te trompes? Caravage, maintenant tu es à moi, à moi seule.

CARAVAGE. A toi!

LÉONTIA. Oui, tout est prêt pour notre union...je devance le cortège, de quelques instans seulement.

SCENE XII.
LES MÊMES, PERGOLA.

PERGOLA, *entrant.* Caravage, le Grand-Duc se rend auprès de vous.

CARAVAGE. Le Grand-Duc!.. ici!.. il ose en ce moment...

PERGOLA. Escorté de nobles et d'artistes, il vient en personne traiter avec vous de l'acquisition du tableau qui a remporté le prix.

CARAVAGE. Mon tableau!.. Oui, oui, qu'il vienne... Léontia, tu avais raison. Je puis encore être ton époux!.. mes amis, je puis recouvrer l'honneur.

SCENE XIII..
LES PEINTRES, PERGOLA, CARAVAGE, LE GRAND-DUC, LÉONTIA, LES NOBLES.

UN HUISSIER, *annonçant.* Le Grand-Duc! Le Grand-Duc, seigneurs, Peintres, etc, entrent.

LE DUC. Caravage, j'ai voulu revenir moi-même auprès d'un peintre dont je suis le plus sincère admirateur..la place de votre tableau est marquée dans la salle d'honneur de mon palais..je ne viens pas vous offrir sans doute le prix qu'il vaut, mon trésor est faible, et je n'ai pu vous faire réserver que dix mille ducats.

CARAVAGE. Dix mille ducats! Votre Alteste ne l'aura pas à ce prix.

LE DUC. Jamais je n'ai payé un tableau une somme aussi forte.. cependant je tiens trop à ce chef-d'œuvre pour ne pas augmenter s'il le fallait.

CARAVAGE. Ce n'est pas de l'or que je demande à Votre Alteste...dix mille ducats!.. ce serait trop sans doute pour mon tableau..je le vends à Votre Altesse plus pour moi, moins pour elle.

LE DUC. Que voulez-vous donc en échange?

CARAVAGE. Une épée de chevalier.

LE DUC. Quoi! des lettres de noblesse!

CARAVAGE. Oui, hier, Votre Alteste m'a offert le titre de comte que j'ai refusé avec fierté, aujourd'hui pour un simple parchemin de gentilhomme j'embrasserai ses genoux.

LE DUC. Hier, il fallait accepter.

CARAVAGE. J'ignorais alors qu'un noble seul eût le droit d'être un homme, je ne tiens pas à être noble, mais je veux avoir les droits d'un homme et plus qu'aucun de vos courtisans j'en ai le cœur et la volonté.

LE DUC. Caravage votre demande m'afflige maintenant autant que votre refus m'affligeait... hier je ne puis vous accorder...

CARAVAGE. Vous ne pouvez...

LE DUC. Votre refus est inscrit sur le livre d'or, je n'ai pas le pouvoir de l'effacer.

CARAVAGE. Mais cela n'est pas, cela ne peut être... ce titre que je méritais hier, en suis-je donc indigne parcequ'un noble m'a insulté, parceque vos sbires l'ont dérobé à ma vengeance... Grand-Duc, par pitié, par grâce, une épée de chevalier pour une heure, une heure seulement, et je dévoue ma vie à vous défendre, mon cœur à vous chérir, mon pinceau à vous rendre immortel... mais par pitié une épée... une épée...

Il se jette à ses genoux.

LE DUC. Je ne le puis... je vous le répète je n'en ai plus le pouvoir.

CARAVAGE. Ah! malédiction sur moi, sur vous nobles infâmes qui ne savez que faire des affronts, sur toi peuple qui le souffre sans vengeance... honte à toi, noblesse milanaise qui pour conserver un lâche chevalier, laisse peser une injure sur le front d'un homme qui demandait loyalement mort ou vengeance.. le nom de Joseph d'Arpinas inscrit sur ton livre d'or est une page d'infamie, son écusson au milieu des tiens est une tache flétrissante, sa présence dans tes rangs est le déshonneur et la lâcheté.

LÉONTIA. Mon ami!

PERGOLA. Caravage devant votre souverain...

CARAVAGE. Mon souverain!.. je n'en ai plus... je n'ai plus de patrie.. mon souverain est injuste, et ma patrie est avilie.. je la fuis pour jamais... laissez-moi... je veux me dérober à mon pays qui a vu mon affront, à l'univers, à moi-même.. je pars... adieu...

Musique en sourdine jusqu'à la fin de l'acte.

SCÈNE XIV.

LES MÊMES, LE CORTÈGE DES FIANÇAILLES,
au fond du théâtre.

CARAVAGE. Que voulez-vous?.. qui êtes-vous? qui venez-vous chercher ici?..

LÉONTIA. Mon ami, ce sont mes parents. On nous attend pour aller à l'autel.

CARAVAGE. Non, plus d'hymen pour mon cœur avili, plus de gloire pour mon front déshonoré... à bas ce misérable tableau, vaine production d'un bras impuissant à se venger que je le brise ainsi que cette épée.

Il déchire son tableau avec son épée qui se brise.

LE DUC. Que faites-vous?.. ce tableau?.. ce chef d'œuvre?..

CARAVAGE. Je ne veux plus faire qu'un tableau, celui-là... je le ferai avec du sang.

LÉONTIA. Caravage! mon époux.

CARAVAGE. Tu es veuve!.. (*ramassant la moitié de son épée.*) Elle est brisée, cette épée du roturier; elle est brisée, nobles qui la craignez tant, regardez, j'en ai fait un poignard... adieu!..

Il sort.

Fin du second acte.

ACTE III.

Un riche salon de plein pied avec des jardins.

SCÈNE PREMIÈRE.
DAVERNA, JOSEPH, Plusieurs Seigneurs.

JOSEPH. Oui, Messeigneurs, il est venu ce jour que depuis long-temps j'attendais avec tant d'impatience... le Grand-Duc, mon généreux protecteur a triomphé de tous les obstacles... depuis deux ans, vous le savez, Léontia est orpheline, et sa pupille... il a employé pour obtenir son consentement à ce mariage, toute son éloquense, toute son autorité de prince et de tuteur... Que dis-je ? il a daigné veiller lui-même aux détails, aux préparatifs de cette solennité, je n'ai plus qu'à dire oui, lorsque le prêtre va me demander si j'accepte Léontia pour épouse...

DAVERNA. Reçois nos complimens, chevalier, et notre reconnaissance pour tout le plaisir que nous espérons à cette fête.

JOSEPH. Ce palais, ces jardins magnifiques qui en dépendent... Son Altesse me les donne avec la main de Léontia; nous allons les visiter ensemble... Tenez, voyez-vous le Prince au milieu de ces jeunes demoiselles, qui vont porter à Léontia la parure Nuptiale, les bijoux que je lui envoie... n'allons pas le distraire de ces soins importans, auxquels d'ailleurs il s'entend beaucoup mieux que moi. Venez, et ce soir, mes nobles amis, nous trinquerons avec Son Altesse, à mon bonheur et à celui de ma belle future... Suivez-moi, Messeigneurs.

Il s'éloigne avec eux par la gauche. Le Duc entre au fond, suivi de plusieurs dames, l'une d'elle tient à la main une couronne de mariée; les autres portent diverses étoffes, des diamans.

SCÈNE II.
LE DUC, QUELQUES JEUNES FILLES.

LE DUC. Que dites-vous, Mesdames ? et comment se fait-il que vous me rapportiez cette couronne, ces parures ? La signora Léontia...

UNE JEUNE FILLE. Oui, Monseigneur, elle a tout refusé.

LE DUC. Est-il possible ? refusé ! laissez-moi...

Sortie des jeunes filles.

SCÈNE III.
LE DUC, *seul.*

Elle a refusé... et ni prières ni reproches ne peuvent la convaincre... et tout mon pouvoir que l'on envie ne va pas jusqu'à triompher de l'obstination d'une jeune fille? On vient !.. Ah, c'est le chevalier Della Pergola... c'est lui sans doute qui l'encourage dans ses refus, qui lui parle sans cesse de Caravage... il a raison peut-être,.. mais moi, j'ai raison de parler pour mon fils.

SCÈNE IV.
LE DUC, PERGOLA.

PERGOLA. Monseigneur, je viens vous demander une grâce.

LE DUC. Vous, chevalier ?

PERGOLA. Cela vous étonne, car depuis deux mois que je suis de retour, depuis que j'ai cessé d'être le compagnon d'aventures et d'infortunes de mon pauvre ami Caravage, je suis moins habitué que jamais à solliciter les bonnes grâces et les faveurs de Votre Altesse... je ne cherche plus même comme autrefois, à vous faire rire, parce que... parce que je ne suis pas assez content de vous pour cela.

LE DUC. Comment ! ce langage...

PERGOLA. Je vous parle franchement, comme autrefois, vous le voyez; et c'est une preuve que je veux en venir à un rapprochement, à une réconciliation entre nous deux; oui, Monseigneur... aujourd'hui on célèbre une fête, un mariage à la cour de V. A... Je prétends reprendre pour vingt-quatre heures seulement, ce caractère de joyeux compagnon que vous m'avez connu, et je viens vous redemander mon ancienne place, celle de grand maître des cérémonies.

LE DUC. Pergola, parlez-vous sérieusement... car avec vous, je doute toujours... et le ton même dont vous m'adressez votre requête.

PERGOLA. Rien de plus sérieux, Monseigneur; près de deux années entières passées dans l'exil, auprès d'un homme qui souffrait, n'ont pas ôté peut-être à mon sourire, à mes yeux, à mon langage même cette expression de raillerie qu'ils avaient autrefois... mais croyez bien qu'en ce moment, je ne raille point. Je vous le répète... Voulez-vous me rendre ma place de grand-maître des cérémonies ?

LE DUC. Mais ne vous êtes-vous point, il y a quelques jours, opposé hautement à ce mariage...

PERGOLA. Il y a quelques jours, j'en conviens... mais depuis hier, j'ai changé d'avis.

LE DUC. Mais, entraînée par vos conseils, Léontia vient de refuser à l'instant la parure de noce que lui envoyait son époux.

PERGOLA. Eh bien! toujours grâce à mes conseils, elle va l'accepter tout-à-l'heure.

LE DUC. Que dites-vous?

PERGOLA. Je m'y engage.

LE DUC. Pergola... Vous ne me trompez pas ?

PERGOLA. Je vous jure que je n'en ai point envie, quoique je n'aime guères le seigneur Joseph, je parlerai en sa faveur... et j'en suis sûr, je déterminerai Léontia.

LE DUC. Eh bien! je serai votre ami, votre protecteur, je vous charge puisque vous le voulez des apprêts de cette fête, et je vais donner ordre qu'aujourd'hui tout le monde ici vous obéisse comme à moi-même.

PERGOLA. Monseigneur, il faut avant tout que je parle à votre pupille.

LE DUC. Dans un instant, elle sera près de vous. Songez-y... le bonheur d'un père est entre vos mains... Au revoir, mon ami.

Il sort par le fond.

SCÈNE V.

PERGOLA, *seul, tirant une lettre de son sein.*

Allons, Caravage, tu l'as voulu... et tu m'avais habitué à t'obéir... Léontia sera l'épouse du seigneur Joseph d'Arpinas... et moi, malgré toute ma répugnance, je me suis chargé de conclure ce mariage, et d'en faire les honneurs...Mais où diable me suis-je avisé d'attacher ainsi ma destinée, jadis si folle et si brillante, à la malheureuse étoile de Caravage... Du jour où je suis devenu son ami, je me suis trouvé dans le caractère quelque chose de sombre et de mélancolique dont jusque-là, je me croyais incapable... j'ai parlé raison... j'ai pleuré avec lui, oui, j'ai pleuré... il faut bien faire quelque chose pour ses amis...

SCÈNE VI.

PERGOLA, LÉONTIA.

LÉONTIA. Je quitte à l'instant Son Altesse... elle m'a dit que vous désiriez me parler.

PERGOLA. Il est vrai.

LÉONTIA. Je vous écoute.

PERGOLA. Signora. (*A part.*) C'est fort embarrassant...

LÉONTIA. Eh bien ?

PERGOLA. Eh bien! (*A part.*) Allons du courage. (*Haut.*) Signora, c'est aujourd'hui le jour fixé par Son Altesse.

LÉONTIA. Pour un hymen qui m'est odieux, et que je repousse de toutes les forces de mon âme.

PERGOLA. Je vais vous surprendre, Signora, mais je crois que...vous avez tort.

LÉONTIA. J'ai tort!.. que dites-vous?

PERGOLA. J'étais bien sûr que je vous surprendrais... moi-même, malgré la résolution que j'en ai prise... j'ai beaucoup de peine à vous donner un semblable conseil... je sais que vous le recevrez difficilement, que vous commencerez par m'en vouloir, par m'adresser des reproches et me traiter d'homme égoïste, insensible... le ciel sait pourtant que plus que jamais je compâtis à vos chagrins, et que je voudrais vous voir heureuse...c'est pour cela que je vous engage à épouser le seigneur Joseph.

LÉONTIA. Lui!.. vous prenez un cruel plaisir à me désespérer, à rire de mes tourmens... et dans cette journée... où j'ai tant besoin de votre appui... Ah! c'est mal... c'est bien mal.

PERGOLA. Allons, on ne veut jamais croire que je parle raison, c'est comme S. A. tout-à-l'heure qui m'a fait répéter deux fois la même chose tant il lui semblait invraisemblable de m'entendre dire trois mots de suite sans avoir l'intention de me moquer de quelqu'un, c'est une fatalité... Oui, Signora, je parle très sérieusement...Jamais vous ne devez revoir Caravage.

LÉONTIA. Jamais!

PERGOLA. Et pour votre bonheur, il faut renoncer à lui.

LÉONTIA. Du bonheur, à moi !.. loin de Caravage... et femme de son ennemi...du bonheur après avoir commis un parjure... Je vous le répète encore, vous cherchez à m'abuser, vous ne pensez pas ce que vous dites... ou jamais vous ne fûtes l'ami de cet infortuné.

PERGOLA. Je ne suis pas son ami !. Signora, voilà un mot...ah, c'est moi maintenant qui ai le droit de vous dire... c'est mal, c'est bien mal... je ne suis pas son ami !.. et si je ne l'étais pas, est-ce que je déraisonnerais... ou plutôt, est-ce que je serais raisonnable comme je le suis depuis une heure ?.. est-ce que je pleurerais... si je n'étais pas son ami ? êtes-vous contente, Signora... c'est en pleurant que je vous le répète... jamais, jamais Caravage ne sera votre époux. C'est un devoir, un devoir bien pénible; mais il faut le remplir.

LÉONTIA. Et mes sermens ?

PERGOLA. Ah ! c'est vrai, vos sermens... (*A demi-voix.*) En voilà une qui est prête à les tenir : c'est peut-être la seule... et son amant l'en dégage ! (*Haut.*) Tenez, Signora, lisez. Cette lettre vous en dégage.

LÉONTIA. Cette lettre ?..

PERGOLA. Oui... puisque pour vous convaincre, il faut que j'en vienne à ce dernier moyen.

LÉONTIA. De Caravage ?..

PERGOLA. A son ami... car, vous allez le voir, il pense, lui, que je le suis toujours.

LÉONTIA, *lisant*. « Mon ami...

PERGOLA. Vous voyez...

LÉONTIA, *lisant*. « Je sais ce qui se passe » à Milan... Quand tu recevras cet écrit, » on sera prêt sans doute de célébrer cet » hymen auquel long-temps je n'ai pu son- » ger sans indignation... Maintenant au » contraire, je le désire...

     Elle regarde Pergola.

PERGOLA. Vous voyez.

LÉONTIA. « Renonce donc à en détour- » ner Léontia... dis-lui que je dois lui ren- » dre cette foi qu'elle m'a jurée...puisqu'à » moi-même il m'est impossible désormais » de tenir mes sermens.

     Elle pleure.

PERGOLA, *pleurant aussi.* Vous voyez...

LÉONTIA. » Dis-lui que je la supplie d'o- » béir à Son Altesse... en acceptant l'époux » qu'on lui propose. Adieu. Je compte sur » ton amitié. Michel-Ange Caravage. » — Eh bien ! Chevalier, le voilà donc, celui dont vous me vantiez tous les jours l'honneur et la constance.

PERGOLA. C'est vrai...en fait de constance, je ne prendrai plus aucun engagement au nom de mes amis... c'est déjà bien assez de répondre de soi-même... quand on le peut.

LÉONTIA, *relisant*. « Dis-lui que je la sup- »plie d'obéir à Son Altesse en acceptant »l'époux qu'on lui propose. » Chevalier, vous répondrez à votre ami que j'obéis... non pas à Son Altesse, mais à lui seul... Puisqu'il le veut, je serai la femme de son ennemi.

PERGOLA. Léontia, quel est votre dessein ?

LÉONTIA. De remplir la volonté de Caravage... ne me suis-je pas asservie à ses désirs, à ses caprices... (*Marchant avec agitation.**) Mais où sont-ils donc tous ces gentilshommes qui doivent être les témoins de mon bonheur ?.. et ce noble seigneur dont je vais être la glorieuse épouse, où est-il donc ?.. je l'attends...ah! qu'il tarde à venir!

PERGOLA. Signora, contenez - vous... les voici.

LÉONTIA. Ah! déjà... n'importe, qu'ils viennent... Je suis heureuse, très heureuse. (*A part.*) Avant ce soir, je serai morte. (*Haut.*) Qu'ils viennent!

SCENE VII.
PERGOLA, LÉONTIA, LE DUC, JOSEPH, DAVERNA, DAMES, TOUTE LA COUR.

LÉONTIA, *allant au Duc*. Monseigneur, je vous attendais...ce matin, je fus bien coupable envers vous... pardonnez-moi, je ne résiste plus. Seigneur Joseph, voilà ma main.**

JOSEPH. Ah! Signora, je n'ose croire encore à tant de bonheur.

PERGOLA, *à part.* Ni moi non plus, je n'y crois pas.

LE DUC. Léontia, ma fille... tous mes vœux sont comblés à présent, et c'est à toi que j'en suis redevable.

LÉONTIA, *à une jeune fille*. Damoiselle, donne-moi cette couronne (*elle s'approche d'une espèce de toilette sur le devant de la scène*)*** des pierreries.. viens, viens auprès

---
* Léontia, Pergola.

** Les Dames, Pergola, Léontia, Joseph, le Duc, Daverna, Seigneurs.

*** Léontia, les jeunes filles qui l'entourent, Joseph, Pergola, le Duc, les Nobles.

de moi... mes bonnes, mes fidèles compagnes... puisque c'est le jour de mon bonheur, je veux être belle, brillante... et je réclame de vous ce dernier service (à Joseph.) Je vous remercie, Seigneur, de votre générosité, j'accepte ces présens... je suis heureuse, je suis fière d'être votre épouse.

PERGOLA, à part. Pauvre femme!.. elle est aimable avec lui... la tête n'y est plus.

LE DUC, s'approchant de Pergola. Mon ami... donnez-moi un moyen de vous témoigner ma reconnaissance...

PERGOLA. Vous ne me devez rien, Monseigneur... car je suis presque fâché de ce que j'ai fait... et je n'ai plus le courage de remplir mes fonctions de grand-maître des cérémonies.

LE DUC. Allons, je vous aiderai s'il le faut. (Ici la toilette de Léontia est achevée, elle se rapproche du Prince.) Léontia... Joseph... avant de vous conduire à l'autel, je veux vous donner à tous deux une nouvelle preuve de ma bienveillance, de mon amour... Nobles qui m'entourez, j'avais besoin de votre présence pour donner plus d'éclat à la double cérémonie qui se prépare... Hérauts d'armes.. approchez ce brillant écusson, ces armoiries.

Fanfares. les Seigneurs s'asseient. Le Duc occupe une place plus élevée que les autres, les Hérauts d'armes approchent un écusson.*

LE DUC. Joseph, chevalier d'Arpinas... moi, Grand-Duc de Milan, aux yeux de tous mes gentilshommes, je t'adopte pour mon fils.

JOSEPH. Ah! Monseigneur... mon père.

LE DUC. Ces armes sont celles de ma maison.. j'entends qu'à l'avenir elles remplacent les tiennes, tu t'en montreras digne en te conduisant toujours comme un brave et loyal chevalier.

JOSEPH. Je le jure.

LE DUC. Signor Angelo della Pergola, vous savez nos usages.. c'est à vous maintenant qu'il appartient de donner des ordres à ma place.

Pergola fait un signe aux Hérauts d'armes, la fanfare recommence; il va prendre Joseph par la main et l'amène au milieu du théâtre.

PERGOLA. Nobles Seigneurs... vous avez entendu les paroles de Son Altesse, il lui plaît d'adopter ce gentilhomme pour son fils, et de l'autoriser à porter désormais les armoiries de sa noble maison.. s'il en est un seul parmi vous qui pense devoir y mettre obstacle, qui regarde le seigneur Joseph d'Arpinas comme indigne d'un tel honneur... qu'il se présente et dise ses motifs.

DAVERNA. Non, non, personne ne s'y oppose.

TOUS. Personne.

PERGOLA, à part. Personne! ah! si je n'étais pas grand-maître des cérémonies! (Haut.) Vous approuvez tous, et sans restriction le choix de Son Altesse.

LES NOBLES. Oui, tous, tous.

SCENE VIII.

LES MÊMES, CARAVAGE, paraissant au fond du théâtre.

CARAVAGE. Excepté moi, pourtant. *

Il frappe du plat de son épée et renverse l'écusson.

TOUS. Caravage!

Mouvement général. On se lève. Léontia et Pergola entourent Caravage et le pressent dans leurs bras.

PERGOLA. Est-il possible! mon ami!

LÉONTIA. Ah! c'est toi!.. c'est bien toi... tu m'aimes encore ah! mon ami, combien ta lettre m'a fait souffrir!

LE DUC. Caravage... je ne devais pas m'attendre à ton retour... et cet excès d'audace...

CARAVAGE. Monseigneur... j'ai le droit maintenant de reparaître dans votre cour, de renverser cet écusson, et de mesurer enfin mon épée avec celle de cet indigne chevalier, tenez, voyez ces parchemins, et moi aussi, je suis noble.

TOUS. Noble!

PERGOLA. A la bonne heure donc!.. chevalier Michel-Ange de Caravage, il est de mon devoir de vous servir d'introducteur.

Ils descendent la scène.

LE DUC, à Joseph après avoir parcouru les parchemins. Joseph... il est noble.

CARAVAGE. Oui, je le suis... et pour y parvenir, que de peines il m'en a coûté; que d'outrages il m'a fallu subir... moi!.. si fier jadis, dont le front avait toujours refusé de se courber devant personne, dont le pinceau n'avait su déguiser jamais la laideur, le vice, et le ridicule, j'ai flatté des vanités, des amours propres de princes et de grands seigneurs; j'ai peint un tyran sous les traits de Titus, j'ai habillé sa favorite en Lucrèce, et j'ai donné

---

* Les jeunes filles, Léontia, Hérauts d'armes au fond, Joseph, Pergola, Grand-Duc sur son trône; les Nobles.

* Caravage tient le milieu du théâtre, entre Léontia et Pergola; Joseph s'est rapproché du trône de son père.

le visage mâle et stoïque des républicains de l'ancienne Rome à des courtisans de la Rome d'aujourd'hui ; enfin, je me suis traîné aux genoux de tous les souverains de l'Europe... je leur ai livré en esclave mon talent et mon caractère... je me suis avili à mes propres yeux.... pour mériter ces lettres de noblesse. Mais c'était de l'or qu'ils offraient en salaire à l'artiste, rien que de l'or. Enfin les Espagnols venaient d'entrer en Italie, je pris les armes... et ce fut sur un champ de bataille, après avoir sauvé toute une ville de la destruction et du pillage que je fus nommé chevalier.

LE DUC. J'ai lu ces parchemins et je l'avoue Caravage, vous avez des droits à mon estime, à toute mon admiration... pourquoi faut-il que ce retour...

CARAVAGE. Joseph d'Arpinas, tu ne le prévoyais point, n'est-ce pas ?.. favori de Son Altesse, adopté par lui, heureux fiancé de la belle Léontia... tu t'enivrais de ton bonheur... et moi, je savourais d'avance le plaisir de me venger de toi... je n'aurais pas voulu que personne vînt troubler tes rêves en te parlant de Caravage, je n'aurais pas voulu que Léontia te refusât pour époux... M'adresser à toi malheureux, à toi repoussé par la femme que tu aimes, ce n'était pas assez pour ma vengeance ; j'attendais l'instant où tu serais au comble de tes vœux pour venir à toi... et te dire : tu es un lâche !.. un infâme !.. ta vie !.. il me faut ta vie pour laver mon outrage... En garde, voici mon témoin !.. tous ces nobles Seigneurs vont s'empresser de t'en servir... En garde, ici, à l'instant même, nous nous battrons jusqu'à la mort de l'un des deux.

JOSEPH. Eh ! bien... eh ! bien oui, jusqu'à la mort de l'un des deux.

LE DUC. Joseph... songe que tu dois relever ces armoiries qui sont désormais les tiennes. *

PERGOLA. Damoiselles... de grâce retirez vous... ce n'est plus une fête qui se prépare...et vous aussi Signora...

Les femmes se retirent excepté Léontia.

LÉONTIA. Non, non, je vous en conjure laissez-moi... oh ! rassure toi, Caravage... je ne tremble plus et je suis sûre de ta victoire... et si tu m'aimes encore... par grâce, par pitié qu'on ne m'éloigne pas.

CARAVAGE. Allons, je vous attends, Signor Joseph. *

* Les femmes, Léontia, Pergola, Caravage, etc.

JOSEPH, *mettant l'épée en main.* Je suis à vous.

PERGOLA. Messeigneurs, place aux deux combattans.

LÉONTIA. Et que Dieu protège le bon droit.

Ici, en sourdine musique à l'orchestre. Caravage et Joseph croisent le fer, moment de silence. Tous les personnages et surtout le Duc Léontia et Pergola suivent des yeux le combat avec inquiétude.

CARAVAGE. Tiens misérable, voilà ton châtiment.

JOSEPH. A toi celle-ci.

CARAVAGE. A toi !..

Les deux combattans disparaissent dans la coulisse à gauche, mouvement des Seigneurs, du vieux Duc et de Léontia qui veulent les suivre.

SCENE IX.

PERGOLA, LÉONTIA, DAMES, LE GRAND-DUC, NOBLES, et PEINTRES.

Tous ces personnages sont groupés en biais au fond du théâtre, de manière à voir ce qui se passe dans la coulisse.

PERGOLA, *les arrêtant.* Restez, restez, Signora, et vous tous, silence !.. un pas en avant un cri proféré par vous pourrait influer sur les chances du combat... restez.

LE DUC. Voyez, l'avantage est du côté de mon fils.

LÉONTIA. Grand Dieu !

LE DUC. Il va renverser son ennemi...

LÉONTIA. Ah ! je ne vois plus rien... la force m'abandonne.

PERGOLA, *la soutenant.* Et moi, pour la première fois de ma vie.. je tremble... Mais tenez, tenez... c'est Caravage qui triomphe.

TOUS. Caravage !

LE DUC. Mon fils !.. il va périr.

LÉONTIA. Voyez-vous.. il a fait voler en éclats l'épée de son adversaire et le signor Joseph est en fuite

TOUS. En fuite !..

PERGOLA. Oui, regardez...

LÉONTIA. O mon Dieu, je te rends grâce !..

Elle tombe à genoux.

JOSEPH, *criant dans la coulisse.* Caravage, la vie... Ah ! par pitié, laisse-moi la vie !

* Caravage, Pergola, Léontia et les autres femmes au fond du théâtre, Joseph etc.

SCÈNE ET DERNIÈRE.

Les Mêmes, CARAVAGE, *rentrant, l'épée nue à la main.*

CARAVAGE, *s'arrêtant à son entrée, et se retournant vers la coulisse.* A mes genoux... Ah enfin! regardez, Messeigneurs, regardez!

LE DUC. Le misérable! je n'y survivrai pas.

Il tombe anéanti sur un fauteuil. Toute la noblesse l'entoure.

CARAVAGE, *toujours tourné vers la coulisse.* Va-t-en, va-t-en! Je te laisse la vie... la vie avec le déshonneur!

LÉONTIA, *se jetant dans ses bras.* Caravage!

PERGOLA, *au milieu de la scène.* Et maintenant, Messeigneurs, je commence à croire que le fils du maçon est votre égal!

FIN.

SOUS PRESSE :

LA SOMMATION RESPECTUEUSE OU TROIS ANS APRÈS, *drame en cinq actes;*
DIEU ET DIABLE, *vaudeville pour les débuts de Mme Leménil au théâtre du Palais-Royal;*
LE FILS ADOPTIF, *vaudeville du même théâtre.*

www.ingramcontent.com/pod-product-compliance
Lightning Source LLC
Chambersburg PA
CBHW070500080426
42451CB00025B/2962